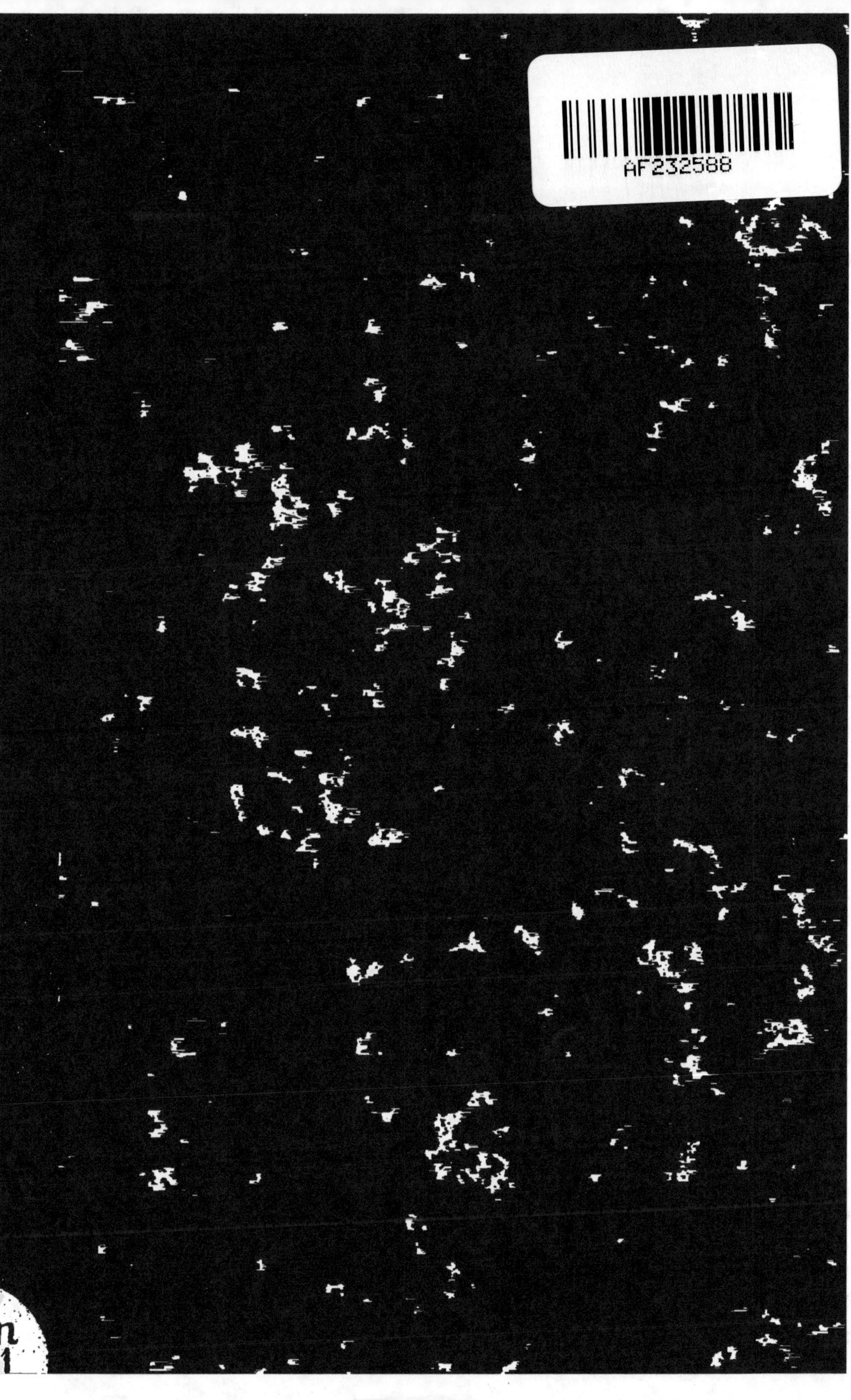

AF232588

NOTICE BIOGRAPHIQUE

SUR

ABEL BERNARD

ÉLÈVE DE L'ÉCOLE SAINT-MICHEL

A SAINT-ÉTIENNE

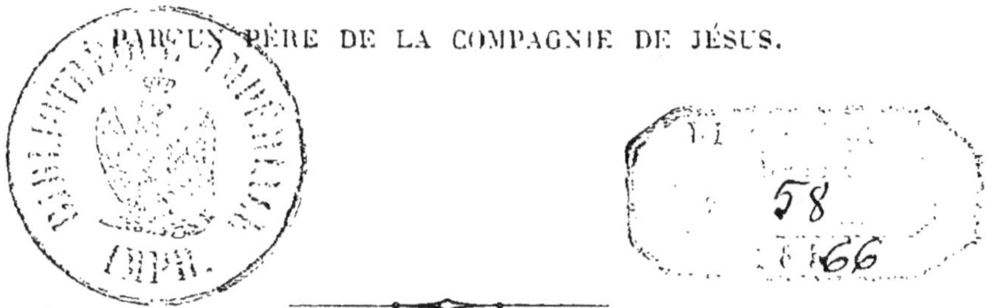

PAR SON PÈRE DE LA COMPAGNIE DE JÉSUS.

SAINT-ÉTIENNE

IMPRIMERIE DE Ve THÉOLIER AÎNÉ ET Cie,

Rue Gérentet, 12.

1866

C'est pour vous, chers enfants, c'est pour répondre à vos regrets et procurer le bien de vos âmes que cette courte Notice a été composée. C'est donc à vous qu'elle s'adresse, qu'elle est offerte et dédiée.

Recevez la d'abord comme un souvenir de celui qui n'est plus. Si la mort a pu vous le ravir, elle ne peut vous empêcher de penser à lui et de l'aimer toujours; car son empire, quelqu'étendu qu'il soit, ne s'exerce point sur les esprits et sur les cœurs. Toutefois, vous le savez, au milieu des agitations de la vie, on oublie facilement ceux qu'on ne voit plus. Cette Notice servira à vous remettre devant les yeux les modestes actions et les aimables qualités d'Abel, et ainsi le rappellera à votre souvenir.

Recevez la ensuite comme un mémorial des vertus que votre jeune ami a pratiquées, et qui doivent être aussi les vôtres. Dans sa vie, sans doute, il n'y eut rien d'éclatant, rien d'extraordinaire. Mais, rappelez-vous que si les prodiges nous étonnent, nous ravissent et par là nous reportent à Dieu, ils peuvent aussi, par leur caractère tout-à-fait surnaturel, décourager peut-être notre faiblesse. Il n'en est pas ainsi d'une vertu simple et vraie, qui s'est exercée au milieu de nous, et ne propose que des exemples parfaitement imitables. Là, rien ne nous effraie et ne nous accable. Tout, au contraire, nous excite et nous relève. A chaque page, en effet, presqu'à chaque ligne, nous sommes portés à nous dire : J'en puis faire autant; pourquoi ne le voudrais-je pas?

. Du reste, ce que l'Esprit Saint célèbre dans les divines Ecritures, ce qu'il recommande avec instance, ce ne sont point les actions éclatantes et prodigieuses, ce sont les vertus modestes et communes du juste appliqué à ses devoirs.

Puissiez-vous, chers enfants, retirer de la lecture de ces pages les fruits les plus abondants et les plus salutaires. C'est là le vœu le plus ardent de notre cœur.

Ecole Saint-Michel, 28 juin 1866.

NOTICE BIOGRAPHIQUE

SUR

ABEL BERNARD

I.

PREMIÈRES ANNÉES.

Louis-Abel-Sébastien BERNARD naquit à Chomérac (Ardèche) le 19 octobre 1849. Ses premières années s'écoulèrent douces et paisibles, sous l'œil vigilant de ses parents, qui, mettant au-dessus de la fortune les dons plus précieux de la grâce, s'employèrent, de bonne heure, à faire germer dans le cœur de leur enfant la féconde semence de la piété. Ce qui distingua Louis-Abel des enfants ordinaires fut d'abord un goût prononcé pour les choses saintes et pour l'étude.

A peine sa langue put-elle articuler un son qu'il répétait volontiers les noms de Jésus et de Marie. Il apprit sans effort les prières du matin et du soir, et s'habitua si bien à les réciter chaque jour, qu'il n'y manqua peut-être jamais depuis. Dès ses plus tendres années, il manifesta une grande inclination pour la vocation sacerdotale. Un jour que de pauvres mères pleuraient sur leurs fils arrachés pour de longues années à leur tendresse : « Maman, s'écria-t-il en embrassant sa mère, ne craignez rien pour moi, je ne vous serai pas enlevé : je veux être prêtre. » Il avait à peine cinq ans lorsqu'il tenait ce langage. Ne nous étonnons point dès-lors qu'il aimât avec passion à assister aux offices de l'Eglise, à observer l'ordre des cérémonies et à le graver dans sa mémoire. Ne soyons point surpris qu'à la maison, il parlât avec une certaine chaleur de ce qu'il avait vu à l'église, et cherchât à le reproduire ou à l'imiter. Tantôt il élevait de petits autels, tantôt il organisait des processions : souvent il *disait la messe*.. Une de ses sœurs, moins âgée que lui, se prêtait volontiers à ses pieux désirs. A l'aide de cet acolythe, il répétait le mieux possible ce qu'il avait observé dans le prêtre officiant. Arriva le jour où son âge et ses forces lui permirent de servir à l'autel. Quel bonheur ! Bien qu'il ne fût point d'un naturel très-expansif, cependant, ce jour-là, il prouva avec tant de vivacité et d'abandon la joie de son âme, que sa pieuse mère et ses sœurs en furent dans l'étonnement et l'admiration. On ne saurait dire avec quel zèle il chercha à s'acquitter de ses fonctions d'enfant de chœur. Quand il devait, à son tour, servir la première messe, il ne se couchait point qu'il n'eût recommandé à sa mère de l'avertir assez tôt. Souvent il se réveillait de lui-même, bien avant l'heure, tant la pensée qu'on pouvait l'oublier le préoccupait vivement. Il lui est même arrivé de se tenir éveillé toute la nuit, afin d'être prêt et de ne pas manquer à son office. On dit qu'un jour d'hiver il s'était tellement hâté, qu'il dût attendre deux heures, dans la rue, l'ouverture des portes de l'église.

Ainsi, dès ses plus tendres années, Abel obéissait déjà aux saintes inspirations, et ses facultés naissantes, occupées de choses pieuses, ne se répandaient point sur des sujets vains ou coupables.

Mais, si de bonne heure, la piété fut remarquable en lui,

l'amour pour l'étude ne le fut pas moins. Il n'avait pas encore quatre ans que déjà il fréquentait l'école, grâce à la sagesse qui le distinguait des enfants de son âge. Le directeur des Frères de la Doctrine Chrétienne, établis à Chomérac, ne pouvait admettre dans les classes des enfants qui n'eussent pas encore cinq ans. Une exception fut faite en faveur du petit Abel ; et, il la justifia si bien que, peu de jours après son admission, on put rendre de lui ce témoignage qu'il étudiait comme les plus grands, et que bientôt peut-être, malgré son jeune âge, il serait le modèle de ses condisciples.

On observa en lui, dès cette époque, un goût spécial pour les enseignements de la religion. Il apprenait son catéchisme avec le plus grand soin, en écoutait les développements avec intérêt et faisait parfois de petites questions qui annonçaient une pénétration d'esprit peu commune. A sept ans, il connaissait bien les vérités les plus importantes de la religion et en rendait compte d'une manière fort satisfaisante.

Il comprenait aussi avec une facilité étonnante les premiers éléments des sciences. Bientôt il fut à même de répondre très-bien sur les opérations de l'arithmétique. Il n'avait encore que huit ou neuf ans, lorsqu'on l'initia aux connaissances les plus simples de la géométrie. Son intelligence s'élança avec une ardeur extraordinaire dans cette nouvelle voie. Devinant souvent ce qu'on ne jugeait pas à propos de lui enseigner, il alla si loin qu'il étonna ses maîtres. Mais il ne se bornait pas aux spéculations. Il cherchait à rendre pratique ce qu'il apprenait. De là ces ingénieuses machines qu'il construisait, pendant ses moments de loisir, et dont quelques-unes, vu son âge et les moyens dont il disposait, pourraient passer pour de petits chefs-d'œuvre.

Ce qui distingua ensuite Abel, pendant son jeune âge, fut

sa parfaite docilité. Il n'est pas rare de rencontrer des enfants qui, dès leurs premières années, manifestent par leurs
gestes, leurs cris et leurs larmes, une volonté opiniâtre et
absolue. Qu'une mère sans prévoyance et sans sagesse ne
réprime point ces écarts précoces, le caprice sera bientôt la
règle de l'enfant. Plus tard, la désobéissance et presque la
révolte, tout en lui préparant un avenir malheureux, feront
couler les larmes de la pauvre mère. Rien de semblable ne
fut à redouter de la part d'Abel. Dès ses premières années, il
se montra docile et obéissant. Ce n'est point qu'une volonté
lâche et molle se manifestât en lui : au contraire, il prouva,
très-jeune encore, une grande énergie. Mais il avait le
cœur bon et généreux : il aimait ses parents, et, pour rien
au monde, il n'aurait consenti à leur causer la moindre
peine. Il y a plus : il était avec son père et sa mère d'une
confiance et d'une franchise admirables. Avait-il fait quelque
sottise, ce qui, du reste, lui arrivait rarement, il l'avouait
sans réticence et sans détour. Il savait pourtant qu'un châti-
ment pourrait lui être infligé; car, s'il connaissait l'extrême
bonté de ses parents, il n'ignorait pas leur juste sévérité.
N'importe : jamais il n'aurait voulu avec eux user de men-
songe ou de dissimulation. Cette confiance illimitée envers
ceux qui lui représentaient Dieu sur la terre, il la conserva
jusqu'à la fin de sa vie. Tous ses désirs, tous ses projets leur
étaient parfaitement connus : agir autrement, eût été pour lui
une peine et presque une faute.

II.

ARRIVÉE A SAINT-ETIENNE. — LA PREMIÈRE COMMUNION.

Cependant Abel, arrivé à l'âge de neuf ans et demi, quitta
Chomérac pour se rendre à Saint-Etienne avec sa famille.

Un de ses oncles maternels et une de ses tantes y étaient déjà fixés et y occupaient une position assez avantageuse. C'était, sans doute, pour se consoler et se soutenir que les deux familles, d'ailleurs si bonnes et si chrétiennes, se rapprochaient ainsi. Quoi qu'il en soit, Abel fut à Saint-Etienne ce qu'il avait été à Chomérac, élève studieux, enfant sage et docile.

Un jeune prêtre de sa paroisse, homme d'un zèle à toute épreuve et ami particulier de la jeunesse, sut bientôt le distinguer. Le visage souriant d'Abel, sa vivacité toujours innocente, ses répliques pleines de sens et d'à-propos, le désignaient plus que d'autres à son affection et à sa confiance. Hâtons-nous de dire que l'enfant répondit sans retard à ces avances bienveillantes.

« Il n'était pas, nous écrit cet excellent prêtre, il n'était pas de ceux qui, pendant leurs premières années, apprennent à mépriser le prêtre, ou qui, par un instinct mauvais, éprouvent de l'éloignement et de l'aversion pour lui. Au contraire, il avait appris à honorer le ministre du Seigneur ; et, son âme étant bonne et pure, il était, pour ainsi dire, tout naturellement porté à le vénérer et à le chérir. Sa confiance envers moi n'était pas moindre que son respect et son affection. Il eût autant aimé se tromper en ma présence que devant ses seuls compagnons. Peut-être même l'eût-il mieux aimé ; car il avait deviné un ami dans le prêtre, et il sentait qu'un avis motivé de sa part l'eût instruit pour l'avenir.

« Sa charité envers ses petits camarades, vertu que l'âge ne fit que développer et affermir en lui, était étonnante. Bien loin de les attaquer et de les critiquer dans l'occasion, il cherchait plutôt à les excuser et à les défendre. Une de ces petites querelles, si fréquentes parmi les enfants, venait-elle à s'élever entr'eux, il essayait d'apaiser les esprits, et, s'il

ne pouvait en venir à bout, il ne manquait pas de se retirer.

« Devenu enfant de chœur, il assistait avec exactitude et
avec attention aux exercices et aux leçons qui avaient lieu
sur les cérémonies et sur le chant. Jamais de prétextes pour
motiver une absence ; jamais d'étourderies pour se dissiper
et dissiper les autres. Si même il arrivait qu'un de ses compagnons, trop léger, excitât, par ses paroles ou ses espiègle-
ries, quelque mouvement, il se tournait de son côté et lui
recommandait de ne pas déranger.

« Si nous ne faisons pas attention, disait-il, nous ne sau-
« rons rien. »

« Sa conscience, beaucoup plus timorée que son âge n'aurait pu le faire supposer, se discutait elle-même dans tous
ses actes. Sous ce rapport, Abel n'était pas un enfant, ce
n'était pas même un chrétien ordinaire : c'était presque un
religieux. »

Telles furent les dispositions qu'il apporta à sa première
communion, cet acte si important de la vie chrétienne. Ceux
qui, jusqu'alors, ne l'avaient pas observé avec une attention
soutenue, ceux-là surtout qui, occupés uniquement des choses matérielles, ne découvrent rien des opérations intérieures
de la grâce, ne distinguèrent point Abel des autres enfants
le jour où, pour la première fois, son cœur devint le taber-
nacle vivant de Jésus-Christ. Mais ceux qui l'avaient étudié
de près, ceux qui, laissant les apparences, pénètrent jusqu'à
l'âme, reconnurent en lui une piété qu'auraient pu envier
des personnes depuis longtemps engagées dans le service de
Dieu. Du reste, pour que l'union du Sauveur avec l'âme de
cet enfant ait persisté jusqu'à sa mort, sans avoir été, une
seule fois peut-être, compromise d'une manière grave, il

faut qu'elle ait été, au jour de la première communion, bien intime et bien sérieuse.

III.

LE COLLÉGE.

Abel avait achevé sa douzième année : il était temps de songer à son avenir. A quoi l'appliquerait-on ? C'était là un grand problème pour ses parents. L'enfant aurait voulu étudier : il le demandait avec insistance. D'un autre côté, le prêtre zélé qui s'était si vivement intéressé à lui, voulait que les précieuses qualités d'Abel ne demeurassent pas sans culture ; il espérait d'autant plus les voir tourner un jour à la gloire de Dieu, que l'enfant avait témoigné et témoignait encore de son désir d'arriver au sacerdoce. Mais la position de la famille, qui, tout en nourrissant pour l'avenir les espérances de fortune les mieux fondées, ne se trouvait pas, pour le présent, dans une grande aisance, s'opposait à des sacrifices qui menaçaient d'être bien longs. Abel, cependant, pressait ses parents de céder ; il représentait ses goûts, son âge, la perte d'un temps précieux ; il promettait de travailler avec la plus grande ardeur. Enfin, une décision fut prise, mais elle fut négative. L'enfant fut tellement saisi en l'apprenant, qu'il se jeta éperdu sur un lit et poussa des cris étouffés. En vain on l'entoure et on cherche à le calmer ; il ne voit, il n'entend rien ; son esprit est tout entier à la décision fatale. La mère alors, qui craignait un accident, promit d'examiner encore et de faire tous les sacrifices possibles.

Quelques jours après, une place était demandée et obtenue pour Abel à l'Ecole libre Saint-Michel, dirigée par les Pères de la Compagnie de Jésus. Au mois d'avril 1862, il y entra en qualité d'externe et commença sa septième. Grâce à son

talent et à son travail, il fit les progrès les plus rapides. Il
ne tarda pas, en effet, bien que ses condisciples eussent
sur lui six mois d'avance, à mériter les premières places.
Aussi, à la fin de l'année, obtint-il les plus beaux prix. Ses
condisciples racontent que de petits jaloux lui firent, par
leurs taquineries, expier quelque peu ces brillants succès.
Mais ils ajoutent, à sa louange, qu'Abel n'en dit jamais rien,
qu'il pardonna franchement, et qu'il alla jusqu'à venir en
aide à ses envieux. Pendant les vacances, au lieu de prendre
du repos, il continua à se livrer au travail. On pourrait dire
qu'alors il se surpassa lui-même en diligence, car le temps
qu'il employait auparavant à se rendre à l'Ecole et à revenir
dans sa famille, il le consacra à l'étude. Il prolongea aussi ses
veilles, et se fit aider de tous ceux des siens qui pouvaient
lui être utiles. C'est que, dans le dessein d'abréger les années
de classe, il voulait faire la sixième pendant les vacances
et monter en cinquième à la rentrée. Il y parvint par son
intelligence et son énergie.

Il y a plus encore. Il se montra si fort en cinquième, qu'à
Pâques on le fit passer en quatrième, ce qui ne l'empêcha
point d'y obtenir quatre prix et trois accessit. En un an et
six mois, Abel avait donc fait quatre classes, et toujours s'é-
tait maintenu dans les premiers rangs. Les années suivantes,
il ne se relâcha en rien, et vit ses efforts couronnés des plus
glorieux succès. Il n'alla pas si vite, il est vrai ; mais, outre
qu'il avait de petites lacunes à combler, on n'aurait pu sans
péril répondre comme auparavant à son ardeur.

On rapporte que saint François de Sales, tout jeune encore,
montra pour l'étude un attachement extraordinaire. « Il était
si laborieux, dit un de ses historiens (1), qu'il se levait tou-

(1) M. le curé de Saint-Sulpice.

jours de grand matin pour travailler ; si avare du temps, pendant le jour, qu'il en économisait tous les moments, craignant d'en perdre la moindre parcelle, et il fallait un ordre de son précepteur pour l'arracher à ses livres. S'il traduisait les auteurs latins, on le voyait quelquefois immobile une heure entière sur quatre ou cinq phrases, occupé à rechercher la meilleure expression et la meilleure tournure. S'il lisait quelque ouvrage, il accompagnait cette lecture d'une réflexion patiente, recueillant sur ses cahiers les sentences les plus remarquables et les morceaux qui lui semblaient les mieux écrits, pour s'en servir ensuite dans ses compositions ; s'il assistait à la classe, il écoutait avec une attention avide tous les enseignements du maître. Son esprit vif les saisissait promptement et son heureuse mémoire les retenait avec non moins de facilité. »

Voilà, sans la moindre exagération, comment, à son tour, agissait Abel. Ses parents, ses condisciples, ses maîtres, tous ceux qui l'ont connu, peuvent attester, en effet, que cet éloge du jeune François de Sales lui est parfaitement applicable.

« Aussi ardent à poursuivre la vérité que prompt à la découvrir, dit un de ses anciens professeurs, Abel avait un esprit ouvert à toutes les connaissances, et assez vaste pour les embrasser toutes. D'un courage à toute épreuve, il ne reculait jamais devant les difficultés, mais les abordait sans détour. N'avait-il pu, pendant la classe même, venir à bout de les résoudre, il travaillait, en étude ou à la maison, jusqu'à ce qu'il fût satisfait. C'était une chose prodigieuse de voir ce jeune enfant, d'ailleurs si richement doté par la nature, s'appliquer avec une ardeur incomparable à l'objet de ses études, le tourner et le retourner encore, tant qu'enfin il l'eût dominé et en fût, pour ainsi dire, devenu le maître. »

Ajoutons qu'il était servi par une mémoire d'autant plus heureuse, qu'elle avait toujours été exercée avec le plus grand soin. Or, ces belles facultés et ce noble courage étaient excités surtout par une fin d'un ordre supérieur. Il est possible que l'amour de la science et le désir d'être utile un jour, aient influé quelque peu sur Abel. Mais, outre que ces motifs, loin d'être répréhensibles, peuvent s'allier avec une fin surnaturelle, il est aussi très-certain que l'enfant avait commencé et continuait à se livrer au travail en vue d'une vocation sainte. Il avait dit, tout jeune encore, qu'un jour il serait prêtre. Il l'avait répété plus tard, lorsqu'il demanda avec tant d'instance à faire ses études. Il le redisait toutes les fois qu'en famille on parlait de son avenir. Que si, pendant les grandes vacances qui ont suivi ses humanités, il sembla incliner vers une autre carrière, carrière toute scientifique, il ne renonça pourtant point à sa première inclination. Il prouva seulement alors qu'il se sentait porté, d'une manière particulière, vers les mathématiques, comme du reste il l'avait montré dès son jeune âge, et qu'il éprouvait à cette époque ce qu'éprouve tout jeune homme au moment où, consultant ses parents sur sa vocation, il fait connaître ses goûts et examine avec eux quelle est la carrière qui semble le mieux y répondre. Sa mère, d'ailleurs, confidente naturelle et toujours préférée d'Abel, a dissipé elle-même tous nos doutes à cet égard.

Remarquable par son talent et son application, l'enfant ne l'était pas moins peut-être par sa piété. Cette piété, si l'on veut, était moins douce que forte, moins tendre que raisonnable. Fondée plutôt sur le jugement que sur le cœur, elle était plus jalouse de l'accomplissement du devoir que des expansions du sentiment. A peine eut-il, pendant quelques mois, fréquenté l'École, qu'il demanda à être admis au nombre des Congréganistes de sa division. Il fut reçu sans difficulté, après les épreuves ordinaires ; et, le 25 janvier 1863, il fit sa consécration à la Sainte-Vierge avec plusieurs de ses condisciples, à la messe qui fut célébrée, ce jour-là, devant toutes les Congrégations réunies, par le R. P. Provincial occupé, en ce moment, à visiter la maison de Saint-Étienne. Il se montra bon et fervent Congréganiste. « Je me rappelle, écrit un de ses condisciples, que le soir, lorsqu'après avoir quitté l'établissement, nous nous rendions, pour la nuit, dans nos familles, nous parlions souvent, Abel et moi, de la Congrégation. Nous nous réjouissions d'en être membres, et nous cherchions les moyens de la rendre plus nombreuse et plus fervente encore. C'était toujours Abel qui trouvait les industries les plus efficaces. » Plus tard, étant devenu pensionnaire, il n'appartint plus de fait à la Congrégation des externes ; mais il s'empressa de solliciter son admission dans celle des moyens, parmi lesquels il fut placé. On le reçut avec une facilité d'autant plus grande qu'il était déjà connu. Dans l'une et dans l'autre de ces Congrégations, Abel exerça toujours quelque charge : dans l'une et dans l'autre, il édifia par son exactitude et sa piété.

Il se confessait régulièrement tous les quinze jours ; et, bien qu'il se montrât très-décidé dans tous ses actes, il paraissait ici quelque peu timide. D'une grande délicatesse de conscience, il s'examinait avec soin et s'accusait avec une minutieuse exactitude. Un jour, une petite explication lui avait été demandée par son confesseur et l'avait surpris : il ne laissa pas cependant de répondre, mais avec un certain embarras. Une heure ne s'était pas encore écoulée, qu'il montait à la chambre du Père, et lui disait : « Pendant ma confession, mon Père, vous m'avez interrogé sur tel sujet et je vous ai fait telle réponse. Mais je n'avais pas eu le temps de rappeler, comme il faut, mes souvenirs. C'est pourquoi mon explication, réflexion faite, ne me paraît pas très-exacte. Voici ce qu'il en est. » Et il rétablit aussitôt, comme il le disait, la vérité. Sans cette rectification, il n'eût sans doute pas osé, le lendemain, se présenter à la Sainte-Table. Ainsi, son jugement qui, en toute autre chose, était très-sûr, semblait hésiter quand il était question de la conscience. C'est qu'il trouvait meilleur, dans des sujets où l'illusion n'est que trop à craindre, de s'abandonner sans réserve à l'appréciation et à la conduite d'un autre. Heureux abandon qui, en procurant de nombreux mérites, assure contre toute erreur et bannit de l'âme le trouble et l'inquiétude !

Il avait une dévotion spéciale à saint Joseph. « Je me souviens, dit à ce sujet un de ses meilleurs amis, qu'un jour où la Congrégation avait été réunie solennellement (c'était la fête du patronage de saint Joseph), il me manifesta la joie qu'il éprouvait d'avoir été désigné le matin pour servir la messe. Toujours, ajouta-t-il, je suis acolythe pour les fêtes de saint Joseph, et cela me fait bien plaisir. »

Pendant son année de troisième, il se fit recevoir de l'Association de la Bonne-Mort, établie dans l'église Saint-Michel. C'était un lien de plus qui le rattachait à saint Joseph, le protecteur particulier de cette Association.

A la fin de ses humanités, une petite maladie attaqua un certain nombre d'élèves et les força ainsi de ne point concourir pour les prix. Abel craignait beaucoup pour lui-même. Quelle fut sa ressource en cette circonstance? Saint Joseph. Une première fois, la veille d'une composition, il sentit les atteintes du mal. Vite, il se mit à prier son bien-aimé protecteur ; et, le lendemain, il composait l'esprit très-dispos. Le jour suivant, veille encore d'une composition, il se trouva dans le même état qu'auparavant. De nouveau, il s'adressa à saint Joseph ; et, de nouveau, il put très-bien composer. Ce qu'il y eut de plus singulier, c'est qu'il n'éprouva plus rien jusqu'à la sortie et qu'à peine arrivé dans sa famille, il paya le tribut dont la Providence n'avait que différé l'acquittement.

De cette piété solide et vraie, de ce travail sérieux et constant naissaient les plus généreuses et les plus aimables vertus.

C'était d'abord une admirable pureté de vie et une régularité parfaite. Occupé de ses seules études et de l'observation du devoir, Abel ne laissa jamais son esprit et son cœur répandre sur des sujets plus ou moins mauvais l'activité de sa nature ardente. Aussi, pas une parole, pas un acte qui pût blesser la religion ou les mœurs. Sa conversation était honnête et sainte, sa vie parfaitement pure. Bien qu'il eût dans le caractère une certaine indépendance, cependant il se pliait à toutes les exigences de la règle. Combien de fois, au commencement surtout de sa vie de pensionnaire, ne dut-il pas refouler au fond de lui-même des répugnances qui tendaient sans cesse à se produire ! Il le fit avec un courage qui ne se démentit jamais. La récréation ne lui présentait qu'un attrait médiocre. Au lieu de s'amuser, il eût préféré se livrer à l'étude. Pourtant, il quittait le travail aussitôt l'heure de la récréation arrivée, et, selon le désir de ses maîtres, se donnait au jeu. Pendant plusieurs années, il ne put se contraindre assez pour qu'il n'y parût rien. Mais, à force de se vaincre, il finit par faire en quelque sorte naturellement son sacrifice. Qui aurait observé la gaieté et l'entrain qu'il montrait ces derniers mois, pendant les récréations, se serait dit, sans aucun doute, qu'Abel avait presque de la passion pour le jeu.

On sait combien il est difficile que le mérite s'ignore et

2

s'oublie lorsqu'il ne peut s'ignorer. C'est une chose ordinaire, en effet, qu'il se connaisse, cherche à se faire valoir dans l'occasion, et mette à profit les heureux dons de la nature. Et cependant, malgré ses talents et ses succès, Abel était d'une modestie remarquable. Simple et réservé, soit dans ses manières, soit dans ses paroles, il n'indiquait pas la moindre prétention et ne cherchait nullement à exercer une influence qui lui eût été facile. Vrai en tout, il ne témoignait ni vanité ni orgueil, et détestait de tout son cœur les compliments.

« S'il était une chose qui lui causât de la peine, nous disait un de ses amis, c'était assurément la louange. »

Il n'était pas trop rare que ses condisciples le félicitassent de ses succès. Il rougissait alors légèrement, et, sans perdre contenance, il répondait d'un petit air souriant que, depuis longtemps, il connaissait ses bonnes qualités et ses grandes vertus, qu'ainsi il était bien inutile de les lui révéler. Pendant sa dernière maladie, il arriva que le R. P. Recteur, étant allé, un matin, s'informer de son état, demanda comment il avait passé la nuit.

« Mon Révérend Père, dit un des infirmiers, Abel a passé une nuit assez bonne. Il a été doux et patient comme un agneau. »

Et voilà l'enfant de rougir et de se plaindre doucement qu'on l'épargnât si peu.

Mais non-seulement les talents et les succès d'Abel ne lui donnaient ni la fausse estime de lui-même, ni la hauteur qui en est la suite ; ils lui fournissaient, ce qui est mieux encore, le moyen d'exercer une vertu depuis longtemps déjà enracinée dans son cœur : nous voulons parler de la charité. Dès son année de troisième, il se fit volontiers le répétiteur de ses condisciples plus faibles.

« J'étais peu fort dans ma classe, écrit l'un deux ; j'avais besoin d'explications supplémentaires : c'était à Abel que je m'adressais, parce qu'il était d'une grande complaisance et qu'il se trouvait aux premiers rangs. Il m'accueillait avec la charité la plus douce et la plus facile, et me donnait toujours les explications qui m'étaient nécessaires. Que si, parfois, il était trop occupé, il me priait d'attendre un peu ; puis, sa phrase finie ou son vers achevé, il venait de suite à moi. »

Écoutons-en un autre, élève de rhétorique :

« Parmi les vertus les plus éminentes d'Abel, on doit remarquer sa bonté avec ses condisciples et son obligeance à satisfaire tous ceux qui lui demandaient un service. Doué d'une intelligence rare, il saisissait promptement les explications des professeurs. Mais, loin de se prévaloir de sa facilité, il s'en servait, au contraire, pour venir en aide à tous ceux qui n'avaient pas très-bien compris et qui l'interrogeaient. Si une première fois il ne réussissait pas à rendre son explication assez intelligible, il recommençait avec une nouvelle ardeur, remontant, si cela était nécessaire, aux éléments et aux premiers principes. Enfin, lorsqu'il était parvenu à son but, il laissait naïvement paraître la joie qu'il éprouvait d'avoir pu rendre service. »

Il ne lui était pas possible d'agir souvent ainsi pendant les études et les classes ; on ne pouvait que rarement lui en donner la permission ; mais, pendant certaines petites récréations et pendant les promenades, il savait se dédommager. S'agissait-il de géométrie, il traçait une figure sur le sable, plaçait les lettres, puis, avec une lucidité surprenante, donnait à ses condisciples, réunis autour de lui, les explications demandées. Était-il question d'histoire, il reprenait les faits, montrait les causes, tirait les conséquences, enfin rendait parfaitement clair ce qui auparavant était obscur.

On dit que ses cartes géographiques et ses répétitions d'histoire furent si utiles à un des élèves les plus faibles d'une classe supérieure, que celui-ci obtint, à la fin de l'année, un premier prix. On observa qu'Abel, lorsque cet élève fut couronné, témoigna une joie plus vive que celle qui lui était causée par ses propres succès. Est-il nécessaire, après cela, de montrer qu'Abel ne connut jamais cette basse envie qui s'afflige des succès d'un rival et se réjouit de ses échecs? Si un sentiment pareil se fût glissé dans son cœur, il eût méprisé ses condisciples plus faibles et n'eût pas mis à leur service ses propres connaissances ; il n'eût pas été surtout le premier à féliciter un de ses rivaux qui, en dehors de l'examen commun, demanda, une année, à être interrogé sur Virgile tout entier, et répondit d'une manière fort brillante. Du reste, les regrets exprimés à sa mort par ses émules les plus sérieux prouvent qu'Abel, par ses procédés généreux et son affection sincère, s'était concilié tout à la fois leur estime et leur amour.

Certes, de tout ce qui précède, il doit ressortir qu'Abel était un bon et pieux élève. Toutefois, si nous ne disions rien de son respect et de son affection pour ses maîtres, ne pourrait-on pas nous reprocher d'avoir laissé dans l'ombre une de ses plus belles vertus ?...

Cœur sensible et généreux, Abel Bernard appréciait mieux qu'un autre ce que ses maîtres faisaient pour lui, et se sentait porté à leur en témoigner sa reconnaissance en répondant toujours plus parfaitement à leurs vues et à leurs travaux. Il ne se permit jamais sur eux un injurieux soupçon, une plainte exagérée, une parole blessante. Il n'était pas, en effet, de ces élèves qui refusent de comprendre qu'un maître a des devoirs sérieux à remplir, qu'il ne peut pas tout permettre, qu'il doit, au contraire, exciter et réprimer tour à tour. Non, il n'était pas de ceux-la. On pourrait même affirmer, sans exagérer rien, qu'il avait pour ses professeurs une estime et une affection d'autant plus vives qu'il les voyait exiger davantage de leurs élèves.

Un fait prouvera jusqu'à quel point il chérissait ceux qui, du reste, se montraient ses amis plus encore que ses maîtres.

Il avait à peine achevé sa troisième que son père vint à mourir. Sa mère dut songer à regagner Chomérac. Mais qu'allait devenir Abel? comment continuerait-il ses études ? On proposa à l'enfant de quitter l'école Saint-Michel et de poursuivre ses classes au petit séminaire de Privas.

« Non, non, répondit-il, j'aime mieux renoncer à mes études que de ne pas les achever sous la direction des Pères. Ou je resterai à Saint-Michel, ou j'ai fini dès à présent. »

Il fallut bien, devant une volonté si nettement exprimée, abandonner le projet qu'on avait conçu. Sur ces entrefaites, l'aimable Providence se chargea elle-même de tout arranger. D'externe qu'était Abel, il devint pensionnaire. Ainsi, non-seulement il ne fut pas enlevé à ses anciens maîtres, mais il put désormais avoir avec eux des rapports plus suivis encore et plus intimes qu'auparavant.

IV.

LA DERNIÈRE MALADIE ET LA MORT.

Cependant Abel, entré en rhétorique au mois d'octobre 1865, continuait à développer ses facultés heureuses et à répandre parmi ses condisciples la bonne odeur de ses vertus. Les élèves de sa classe affirment eux-mêmes qu'il était le plus fort en tout; et ceux qui l'ont étudié de plus près témoignent que sa régularité, sa bienveillance à l'égard du prochain, son bon esprit allaient grandissant tous les jours. C'est à ce moment, où l'avenir se présentait aux yeux de l'enfant plus brillant que jamais, à ce moment où sa vertu s'annonçait déjà mûre, que Dieu résolut de le rappeler à lui.

Abel avait fait le mois de Marie avec tous ses condisciples; comme les élèves de sa division, il avait offert à la sainte Vierge une communion extraordinaire. Le dimanche 27 mai, il éprouva quelque fatigue; mais, selon son habitude en pareil cas, il n'y fit malheureusement pas attention. Dans la nuit du lundi au mardi, il se réveilla, dévoré par la fièvre. Le matin, au lieu de rester au lit et d'avertir, ou de descendre à l'infirmerie, il se rendit en étude et essaya de travailler comme à l'ordinaire. Ce qui le porta à cette imprudence fut la composition hebdomadaire qui a lieu, comme l'on sait, le mardi matin, et à laquelle Abel tenait beaucoup. Il suivit tous les exercices jusqu'à dix heures et demie. Mais, à ce moment, il ne lui fut plus possible de dissimuler son état de souffrance : on s'en aperçut et on l'envoya à l'infirmerie.

Le lendemain mercredi, dès le milieu de la journée, il indiqua, par de légères divagations, que son esprit n'était pas complètement à lui. Son confesseur alla le voir, mais ne jugea pas à propos de lui parler de confession d'une manière trop directe, quoique l'on craignît déjà ce qui est arrivé. Il se contenta d'en glisser un mot à l'occasion de la Confirmation qui avait été donnée le matin même dans notre église par Mgr de Charbonnel. Il l'entretint de la cérémonie, des instructions toujours aimées de Monseigneur et des nombreuses communions qui avaient été faites par les élèves ; puis, il ajouta : « Sans votre indisposition, vous auriez joui de tout cela, vous auriez même reçu Notre-Seigneur, puisque lundi vous vous étiez fait inscrire pour la confession. » —
« C'est vrai, mon Père, répondit l'enfant, mais j'ai toujours

mauvaise chance les jours de fête. L'année dernière, pour la saint Louis de Gonzague, j'étais malade. Dernièrement, pour le Triduum du B. Berchmans, j'étais fatigué ; je le suis pour la Confirmation ; je le serai encore pour la Fête-Dieu. » — « Il est très-certain, en effet, que vous le serez encore pour la Fête-Dieu, puisque cette fête se célèbre demain. Mais, si vous vouliez, vous pourriez, quoique malade, vous confesser et communier. » — « Mon Père, je ne sais trop ; je n'ai guère la force d'aller à l'église. » — « Il ne s'agit pas pour vous d'aller à l'église ! est-ce que N.-S. ne viendrait pas ici ? » — « Vous avez raison ; mais cela serait bien un peu étrange; car, enfin, je ne suis pas très-malade. Au reste, mon Père, c'est comme vous voudrez. »

Le jeudi, le délire sembla s'accroître. Il n'empêchait pas cependant Abel de reconnaître les personnes qui le visitaient et de répondre avec à-propos à leurs questions. Toutefois, si ces questions n'étaient pas pressantes, bientôt l'esprit du malade n'y était plus. Ce jour-là, il fut bien constaté qu'Abel avait une fluxion de poitrine. Aussitôt qu'il le sut, il se dit qu'il pouvait mourir, et il résolut de ne rien négliger pour se préparer à cet acte suprême. Le frère infirmier, du reste, le lui avait insinué avec sa prudence et sa douceur ordinaires. Vers les neuf heures et demie du soir, son confesseur se rendit près de lui. — « Mon enfant, lui dit-il, je veux passer quelques heures avec vous, si cela vous plaît. Puisque vous ne pouvez dormir, nous causerons un peu. Quand je serai fatigué, je me ferai remplacer. » — « Mon Père, répondit-il, cela me plaît d'autant plus que je désirais vous voir. Je veux me confesser, et comme il faut ; car, la maladie que j'ai n'est pas rassurante. Il peut m'arriver malheur. » — « Allons, laissez ces idées noires ; votre maladie est connue : c'est déjà la moitié de votre guérison. » — « Vous croyez, reprit-il d'un ton assez peu rassuré ? Pour moi, je ne le crois pas. C'est pourquoi je veux me confesser, et comme pour mourir » — « Vous êtes donc bien résolu ? » — « Tout-à-fait. Je me suis préparé et je vais me mettre à genoux. » — « Mon enfant, pas d'imprudence. J'entendrai votre confession volontiers, mais vous resterez couché et bien couvert. »

Cette conversation, si nettement suivie, avait convaincu le Père que la pensée d'une confession suprême avait dissipé tout délire. La confession elle-même le lui prouva mieux encore. Et, en effet, l'enfant fit comme d'habitude le signe de la croix et récita le *Confiteor*. Puis, il procéda par ordre à l'accusation des fautes qu'il avait commises depuis sa dernière confession, qui avait eu lieu la veille de la Pentecôte. Cela fait, il ajouta : « Maintenant, mon Père, je vais reprendre tous les péchés et toutes les confessions de ma vie. Ayez la complaisance de m'aider un peu. » Et il fit, avec une présence d'esprit parfaite, une revue de sa vie entière, entendit avec attention les quelques avis du prêtre, reçut pieusement l'absolution et accomplit sans différer la pénitence. Après quelques instants, le Père lui dit : « Maintenant, cher enfant, vous êtes bien tranquille. » — « Oui, mon Père ; cependant, je voudrais encore quelque chose. Mon scapulaire s'est cassé il y a quelque temps. Je désirerais en avoir un pour le remplacer. » Quelques minutes après, le Père suspendait au cou de l'enfant un scapulaire et une petite médaille de la sainte Vierge. « Oh ! maintenant, dit-il, je ne crains plus rien, que la mort vienne quand elle voudra. » Cependant, le Père s'était agenouillé près du lit. « Mon enfant, dit-il, voulez-vous que nous adressions au bon Dieu quelques mots d'actions de grâce ? » — « Oui, oui, mon Père. » — « Et bien, répétez de cœur les paroles que je vais prononcer. » Et le confesseur fit à peu près la prière suivante : « Mon Dieu, je vous remercie de toutes les faveurs que vous m'avez accordées pendant ma vie, surtout de la grâce que vous venez de me faire à l'instant, en me pardonnant, comme je l'espère, tous mes péchés. En reconnaissance, ô mon Dieu, je vous offre ma maladie, les remèdes que je devrai prendre, les douleurs que j'endurerai, ma vie même, si vous la voulez. » Le malade entra parfaitement dans l'esprit de cette prière. Il la répéta non-seulement de cœur, mais de bouche, et la termina lui-même par le mot : Ainsi soit-il, articulé très-distinctement.

Les infirmiers, en ce moment, eurent besoin de lui. Il se livra entre leurs mains et fit tout ce qu'ils voulurent. Après quelques minutes, il dit au Père : « Il me semble que mourir n'est pas trop difficile. Si je n'avais pas ma mère et mes sœurs, cela ne me ferait rien.. » — « Laissez, mon enfant, cet ordre d'idées, lui fut-il répondu. Cherchez seulement à vous conformer à la volonté de Dieu, pour la santé et la maladie, pour la vie et la mort. Il sait bien ce qu'il vous faut, et il est trop bon pour ne point vous l'envoyer. »

La nuit ne fut pas très-mauvaise ; cependant le désordre de l'esprit reparut par intervalle. Ainsi Dieu, toujours clément, avait, au milieu même de la maladie, suspendu pour une heure ou deux le délire habituel de l'enfant ; et, après lui avoir rendu la plénitude de ses facultés, avait mis en lui les dispositions les plus édifiantes. Avant comme après, le malade eut, sans doute, de bons moments, pendant lesquels il prouva que son esprit ne l'avait pas abandonné d'une manière continue et que sa volonté acquiesçait parfaitement aux desseins de Dieu ; mais c'étaient des éclairs rapides. Ils n'avaient point la durée nécessaire à l'accomplissement d'un grand acte. Seule, la soirée du jeudi put permettre de procéder sérieusement à la préparation suprême. Grâces soient rendues à Dieu, qui, dans sa bonté toute paternelle, a accordé cette insigne faveur à son enfant ! Nous savons qu'elle ne lui était point nécessaire. L'innocence avec laquelle Abel avait vécu et la fréquentation sérieuse des sacrements l'avaient mis à l'abri d'une surprise ; mais, pour le juste lui-même, la possibilité de se recueillir devant Dieu avant la mort et de lui offrir la nouvelle réparation d'un passé plus ou moins imparfait, est toujours une grâce très-précieuse.

La matinée du vendredi fut assez douce. Le malade, quoique bien souffrant, était tranquille. Quand le jour commença à pénétrer dans la chambre, il se tourna vers le Frère qui l'avait veillé. « Mon Frère, lui dit-il, quelle heure est-il ? » — « Il est quatre heures. » — « Et quel jour est-ce aujourd'hui ? » — « C'est vendredi. » — « Ah ! oui, vendredi, le 1ᵉʳ du mois, consacré au Sacré-Cœur. Il faudra bien prier pour moi aujourd'hui ? » — « Soyez tranquille. Quand on sera venu me remplacer, j'irai entendre la messe et communier pour vous. » — « C'est cela. Je vous remercie bien d'avance. » Vers six heures, une religieuse de l'Espérance vint relever le Frère. S'étant approchée du lit, elle demanda au malade comment il se trouvait. « Je me trouve bien, ma Sœur, répondit-il avec un agréable sourire. Il est vrai que je suis assez malade ; mais cela ne m'empêche pas d'être content. Je me suis confessé hier soir de tous les péchés de ma vie. Aussi, cela ne me ferait-il pas grand'chose de mourir. » Comme on s'étonnait, un peu plus tard, de la quantité de sang qu'il avait perdu (le jeudi au soir, on lui avait appliqué bon nombre de sangsues) : « Encore, répondit-il, n'en ai-je perdu qu'une partie, tandis que Notre-Seigneur a répandu le sien jusqu'à la dernière goutte. »

Dans l'après-midi, et surtout vers le soir, le délire acquit une plus grande intensité. Le R. P. Recteur étant allé, se-

lon son habitude, visiter le malade avant de se livrer au repos, et, lui ayant tracé sur le font un signe de croix, l'enfant
se laissa faire, comme toujours, mais se montra très-préoc-
cupé. Il prononçait, sans même les bien articuler, des paroles tout à fait incohérentes. Près de son lit, il croyait voir un
monticule, plus loin, une source d'eau vive, plus loin encore
des nuages de fumée qui s'élevaient dans l'air. C'était pitié,
de voir cet enfant, doué d'une si belle intelligence, s'abandonner ainsi à de vaines imaginations. Toutefois, ce délire,
tout pénible qu'il fut pour les assistants, ne laissa pas, ce
jour-là, comme tous les autres, d'avoir son édification par
son innocence même.

S'il est un temps où se manifeste chez l'homme l'empire
des tendances bonnes ou mauvaises, c'est bien celui où son
esprit l'abandonne, et le livre, pour ainsi dire, dénué de se-
cours, aux habitudes acquises et aux impressions de la nature. Alors, en effet, les pensées ordinaires, les sympathies
et les répugnances accoutumées, les actes dont la fréquence
a été plus grande, se produisent avec une facilité toute naturelle. C'est pourquoi, si, dans ces instants, rien de mauvais,
rien de blâmable n'échappe au malade, si, au contraire, tout
en lui est bon et vertueux, on peut affirmer que son cœur a
battu pour de nobles et saints motifs, que sa vie a été habi-
tuellement sage et pure. Or, dans le délire d'Abel, il n'y eut
jamais rien qui put faire soupçonner des tendances mauvaises
Bien plus, tout en lui dénota les qualités les plus heureuses
et les dispositions les plus saintes. Ainsi, jamais un mot de
blâme déversé sur ses maîtres et sur ses condisciples. Au
contraire, toujours des paroles d'amour et d'estime. Jamais
une expression ou un acte qui put offenser la plus sévère
modestie; mais toujours une attention admirable sur tout
lui-même. Enfin, jamais une plainte qui accusât un manque

de soumission ; mais, une patience étonnante et une résigna-
tion complète.

Il avait la gorge très-irritée, ce qui lui causait, quand il
fallait prendre quelque chose, une assez vive douleur. Un
Frère, lui présentant à boire un peu souvent : « Il faut
avouer, lui dit-il, que vous m'exercez rudement à la pénitence ; mais, n'importe, donnez toujours. Je boirai autant de
fois que vous voudrez. »

Afin de rappeler à son esprit la pensée de N. S., un Père
lui remit une petite photographie du Sacré Cœur de Jésus. Il
la reçut avec le plus grand plaisir, la regarda avec attention,
la trouva belle et fraîche et la déposa sur la couverture de
son lit. Comme les soins que réclamait son état, obligeaient
d'enlever momentanément cette image, la Sœur la faisait reparaître de temps à autre. Il la regardait de nouveau, la
considérait avec joie, et parfois la baisait avec amour.

Un jour qu'il parlait de la mort, un Frère lui dit : « Puis-
qu'absolument vous voulez nous quitter et aller au ciel, vous
vous souviendrez de prier pour moi, afin que Dieu m'accorde
la grâce de bien mourir. »

« Je prierai volontiers pour vous, lui dit-il, mais c'est
inutile de demander la grâce que vous souhaitez. Pour vous,
mourir, n'est ni difficile ni dangereux, puisque déjà vous
êtes mort en entrant dans la Compagnie de Jésus. »

Le samedi il sembla aller mieux. La fluxion de poitrine paraissait dominée. Toutefois, il y avait chez le malade un pres-
sentiment funeste. Plusieurs fois encore il se félicita d'avoir
fait une confession générale. Il dit même à quelqu'un qui
entrait : « Nous nous en allons dans l'éternité. » Cependant,
vers la fin du jour, son oncle vint le visiter et lui annonça
que sa mère arriverait dans la soirée. Il le trouva assez calme
et partit avec l'espérance de le voir mieux le lendemain :

dans la maison, on semblait partager la même confiance. Les médecins eux-mêmes n'avaient pas perdu tout espoir. Hélas ! que les prévisions humaines sont faibles et bornées ! Vers minuit, une étrange pâleur couvre tout à coup le visage de l'enfant et un léger tremblement l'agite. La Sœur inquiète l'observe avec une attention toute nouvelle, persuadée que la maladie entre dans une phase plus sérieuse. A peine a-t-elle eu le temps d'observer ce changement et d'en soupçonner la gravité, que le malade, avec une agilité surprenante, s'assied sur son lit, se dresse, et comme la Sœur cherche à le contenir, déclare qu'il veut absolument se lever et sortir. Un infirmier et un domestique, couchés dans une chambre voisine, aux cris d'appel de la Sœur et aux paroles fortement articulées de l'enfant, se réveillent et accourent. Ce n'est qu'à grand'peine qu'ils peuvent le maintenir dans son lit. Cet état de surexcitation extraordinaire dura jusqu'à cinq heures, où le calme finit par reparaître avec une raison moins troublée. A ce moment, on lui présenta à boire : il accepta et dit qu'il souffrait beaucoup. mais que Notre Seigneur avait bien autrement souffert encore. La Sœur un instant après, lui ayant observé qu'il n'avait pas fait sa prière du matin et qu'il serait bon qu'il ne l'oubliât point : « Oui ma Sœur, lui répondit-il aussitôt, je vais la faire, » et il joignit les mains comme pour prier. A six heures, sa mère qui, arrivée la veille au soir à Saint-Etienne, avait, sur les observations de son frère et les bonnes nouvelles qu'il lui donna, remis au lendemain de venir embrasser son enfant, se présenta pour le voir. Après qu'on eut averti le malade, elle parut devant lui. Quelle immense douleur pour elle ! dans quel état, en effet, retrouvait elle son Abel, cet objet, ce centre d'espérances d'autant plus vives que les qualités de l'enfant étaient plus éminentes, que son père n'était plus ; que sept de ses frères et sœurs avaient été successivement moissonnés déjà par la mort! Il reconnut sa mère et l'embrassa avec effusion; mais, cependant, n'éprouva point cette émotion profonde que l'on aurait pu craindre la veille. Comme il était dans un assez grand délire, il n'eut point avec elle une conversation suivie; il répondit néanmoins avec à-propos à toutes les questions qu'elle lui fit. « Mon enfant, lui dit-elle une fois, tu me vois bien, n'est-ce pas? tu me reconnais? — Ah! si je te vois, si je te reconnais, chère maman! Je ne pense qu'à toi et à Louise. » Louise était sa sœur aînée qu'il avait toujours aimée tendrement. Son confesseur s'étant présenté, il manifesta le désir de l'entretenir en particulier; mais, celui-ci le voyant dans un trop grand trouble, essaya de le calmer, l'assura qu'il reviendrait bientôt, et lui promit de dire le matin même la messe pour lui, ce qui parut lui faire grand plaisir. Ayant remarqué qu'Abel cherchait sans cesse à jeter ses pieds en dehors du lit : « Mon enfant, lui dit-il, nous étions convenu que vous obéiriez en tout, et voilà que malgré des observations répétées, vous ne vous tenez pas tranquille; allons, soyez soumis, remettez-vous comme il faut » Admirable effet de l'obéissance! Sans rien objecter, sans faire un signe de déplaisir, l'enfant, par un mouvement subit, ramena ses pieds au milieu du lit, et se tint en repos.

Cependant, la mort hâtait son œuvre : des signes manifestes ne tardèrent pas à prouver une fin très-prochaine. Le confesseur revint en toute hâte. Il vit le malade en particulier et lui donna une dernière absolution; puis, tout étant prêt pour l'Extrême Onction, ce sacrement fut administré. Soit effet de la maladie, soit respect des choses saintes, du moment où commença la cérémonie, Abel ne bougea plus. A peine l'indulgence plénière lui avait elle été appliquée que le cher enfant, les lèvres collées sur le crucifix, rendit paisiblement son âme à Dieu, à l'instant même où le Père spirituel, qui disait la messe aux élèves, demandait au Ciel que son passage fût heureux. Il était huit heures trente minutes du matin.

Ainsi s'éteignit, dans le baiser du Seigneur, le dimanche 3 juin 1866, solennité de la Fête-Dieu, Louis Abel Bernard, âgé de seize ans six mois et quatorze jours qu'il avait passés dans l'accomplissement du devoir et dans la piété.

V.

REGRETS. — HOMMAGES RENDUS AU DÉFUNT.

Cette mort, comme on peut le penser, frappa de stupeur et remplit de tristesse l'École entière, maîtres et élèves. Elle avait été si prompte et Abel jouissait d'une estime si générale et si profonde.

Aux récréations qui suivirent l'évènement fatal, tous les jeux furent spontanément suspendus. Les cours, naguère si bruyantes, devinrent tout à coup silencieuses. Point de cris joyeux, de rires éclatants, de conversations vaines et animées ; mais, des visages tristes et mornes, des éloges mêlés de regrets, et, dans plus d'un groupe, des larmes abondantes.

Après les Vêpres, la Congrégation, dont Abel avait été un des plus dignes membres, se réunit au lieu ordinaire de ses Exercices, et là, avec une piété touchante, récita pour le défunt l'office des morts. Puis, quelques-uns, plus grands et moins impressionnables, furent autorisés à visiter les restes mortels de leur ami, à contempler une dernière fois son visage, auquel la mort n'avait pu enlever son bienveillant sourire, et à prier encore pour le repos de son âme. Les élèves des Cours Supérieurs, bien qu'ils ne l'eussent, pour la plupart, que très-peu connu, et ne lui eussent jamais parlé, sollicitèrent en grand nombre et avec instance, la même faveur ; puis, le lendemain, se plaignirent qu'on ne se fût pas servi d'eux pour transporter le corps à l'église. Simple et beau témoignage, d'autant plus éloquent en faveur d'Abel, qu'il ne pouvait être rendu qu'à sa vertu et à son mérite.

Le lendemain eut lieu un service solennel, auquel assista toute la communauté. Là encore, la piété des élèves fut si vraie, leurs regrets exprimés par une attitude si recueillie et par des pleurs si sincères que les personnes du dehors, présentes à l'office, en furent profondément touchées. Quelques-unes ne purent elles-mêmes retenir leurs larmes. La messe achevée, le clergé de la paroisse reçut le corps et se mit en marche pour le cimetière, suivi d'une nombreuse députation d'élèves et de tous les Pères qui alors se trouvaient libres. La gravité religieuse de ce cortège, l'âge encore tendre des enfants qui en formaient la plus grande partie, enfin la douleur peinte dans tous les traits, excitèrent parmi la foule curieuse des sentiments dont la bienveillance ne dut échapper à personne. Enfin, lorsque dans le champ funèbre, chacun eut passé tour à tour, en bénissant la bière et en disant adieu, jusqu'à la résurrection, à celui dont elle contenait les restes, lorsque la terre, poussée par la main du fossoyeur, commença à retentir sourdement sur le cercueil et qu'il fallut s'éloigner, il fut facile de lire sur tous les visages une indicible émotion ; on hésitait à se retirer, on se retournait pour voir une dernière fois la fosse. On aurait voulu, ce semble, ne pas quitter ces lieux, triste demeure d'une ami bien cher.

Le mardi, sans s'ouvrir à personne de leur projet, quatre externes se rendirent au cimetière, se procurèrent des instruments de travail, et, pendant deux heures, s'efforcèrent de rendre plus uni et plus capable de culture cette terre qui couvrait les restes de leur bon Abel ; puis, ils placèrent au pied de la croix des fleurs qu'ils avaient apportées. Cette action si belle ayant été connue à l'Ecole, les élèves de la 1re et de la 2e division, demandèrent immédiatement à ouvrir une souscription pour l'érection, sur la tombe, d'un modeste monument. Des externes et même des petits voulurent se cotiser dans le même but.

Tous les livres, tous les papiers d'Abel avaient été soigneusement recueillis pour être remis à sa mère ; mais, plusieurs de ses condisciples et même de ses maîtres exprimèrent le désir de posséder quelque objet qui lui eut appartenu, fut-il pour ainsi dire insignifiant. C'est pourquoi, la famille consultée, on retint pour eux quelques cahiers et d'autres petits objets qui furent reçus avec la plus grande reconnaissance et sont conservés avec un religieux respect.

Toutefois, il y eut mieux encore. Le vendredi qui suivit la mort d'Abel, fête du Sacré-Cœur de Jésus, une messe fut dite pour l'enfant, dans la chapelle de la Congrégation. S'empressèrent d'y assister, non-seulement tous les congréganistes, confrères d'Abel, mais bon nombre d'externes invités. La communion, qui fut générale, eut lieu pour le défunt. Quant aux autres élèves, ils voulurent presque tous communier à la même intention. Enfin, un service fut célébré un peu plus tard, par la Congrégation des externes et assura, nous l'espérons, le repos de l'âme de notre Abel.

Voilà donc ce qu'a été Abel Bernard pendant son passage sur la terre. Sans doute, Dieu l'a enlevé de crainte que le mal ne changeât son cœur et que l'illusion ne déçut son âme (1).

---

(1) *Sap.* cap. IV, 11.

Sa vie, du reste, ayant été pure, ne fut-elle pas une longue vie ? Puisse notre vie ressembler à cette vie ! Puisse surtout notre mort ressembler à cette mort ! *Moriatur anima mea morte justorum.* (Num. XXXIII. 10.)

A. M. D. G.

SAINT-ÉTIENNE, IMP. V° THÉOLIER ET C°

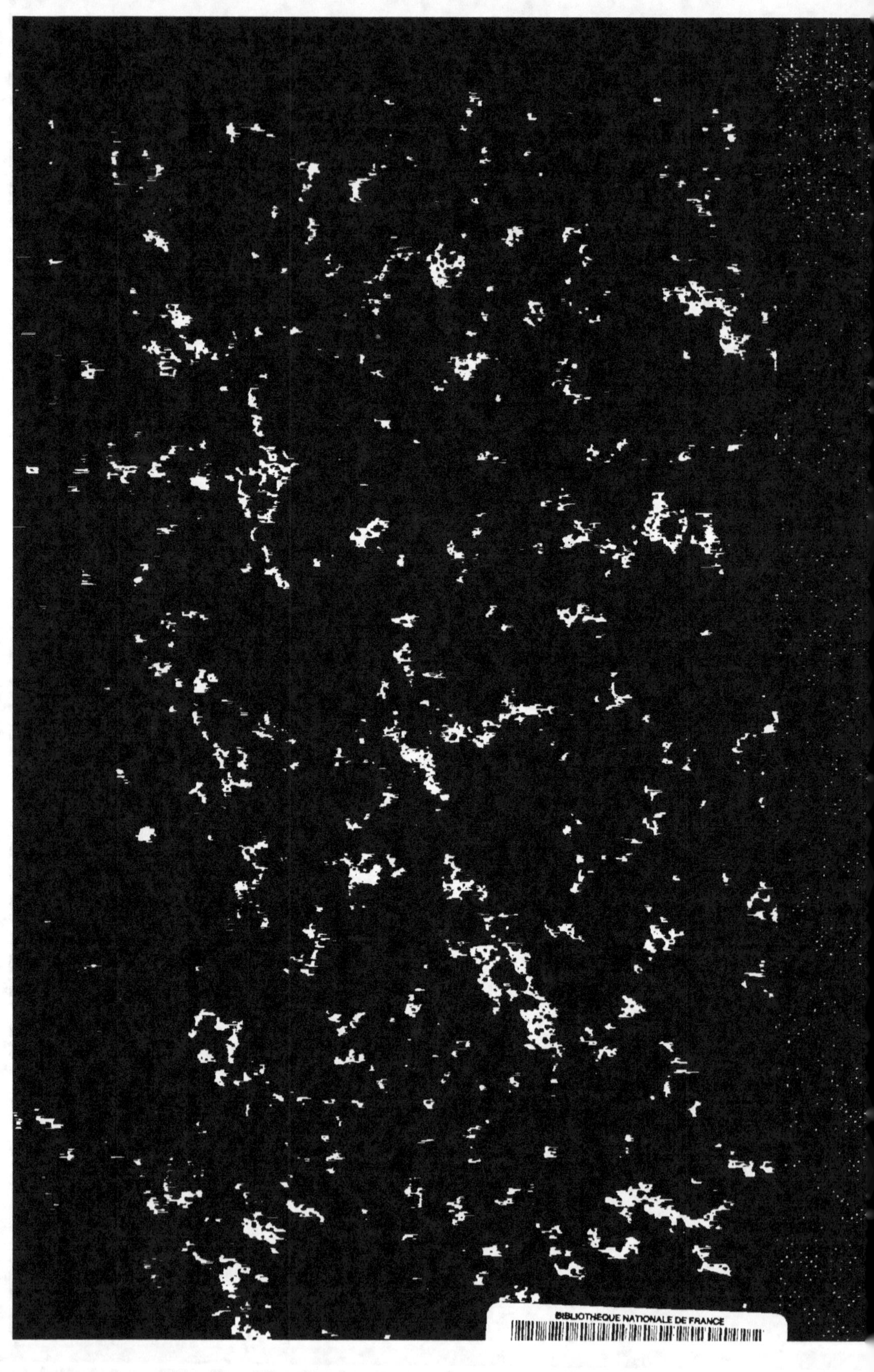